AF222203

Impressum
Verlag: BABADADA GmbH, Nedderfeld 112 , 22529 Hamburg
Geschäftsführer / Verlagsleitung: Harald Hof
Druck: Books on Demand GmbH, In de Tarpen 42, 22848 Norderstedt

Imprint
Publisher: BABADADA GmbH, Nedderfeld 112 , 22529 Hamburg, Germany
Managing Director / Publishing direction: Harald Hof
Print: Books on Demand GmbH, In de Tarpen 42, 22848 Norderstedt

die Schule

shule

das Klassenzimmer
sajili

dividieren
kugawanya

186/2

die Tafel
ubao

der Schulhof
eneo la shule

der Lehrer
mwalimu

das Papier
karatasi

schreiben
kuandika

der Stift
kalamu

der Schreibtisch
dawati

das Lineal
rula

das Buch
kitabu

die Schüler
mwanafunzi

die Schultasche

mkoba

die Federmappe

kikasha cha penseli

der Bleistift

penseli

der Bleistiftspitzer

kichonga penseli

der Radierer

mpira

der Zeichenblock

pedi ya kuchora

2

die Schule - shule

die Zeichnung

uchoraji

der Pinsel

brashi ya rangi

der Malkasten

sanduku la rangi

die Schere

mkasi

der Klebstoff

gundi

das Übungsheft

daftari

die Hausübung

kazi ya nyumbani

12

die Zahl

nambari

2+2

addieren

jumlisha

5-2

subtrahieren

ondoa

2×2

multiplizieren

zidisha

rechnen

kokotoa

A

der Buchstabe

barua

ABCDEFG HIJKLMN OPQRSTU VWXYZ

das Alphabet

alfabeti

hello

das Wort

neno

der Text

maandishi

lesen

kusoma

die Kreide

chaki

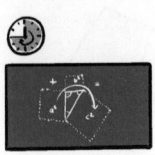

die Unterrichtsstunde

somo

das Klassenbuch

sajili

die Prüfung

uchunguzi

das Zeugnis

cheti

die Schuluniform

sare za shule

die Ausbildung

elimu

das Lexikon

elezo

die Universität

chuo kikuu

das Mikroskop

darubini

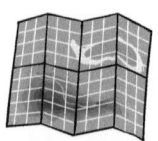

die Karte

ramani

der Papierkorb

kikapu cha kuweka karatasi
chafu

die Reise
usafiri

das Hotel
hoteli
Grand
die Jugendherberge
hosteli
ROOMS
die Wechselstube
ofisi ya ubadilishanaji
EXCHANGE
der Koffer
sanduku
das Auto
gari

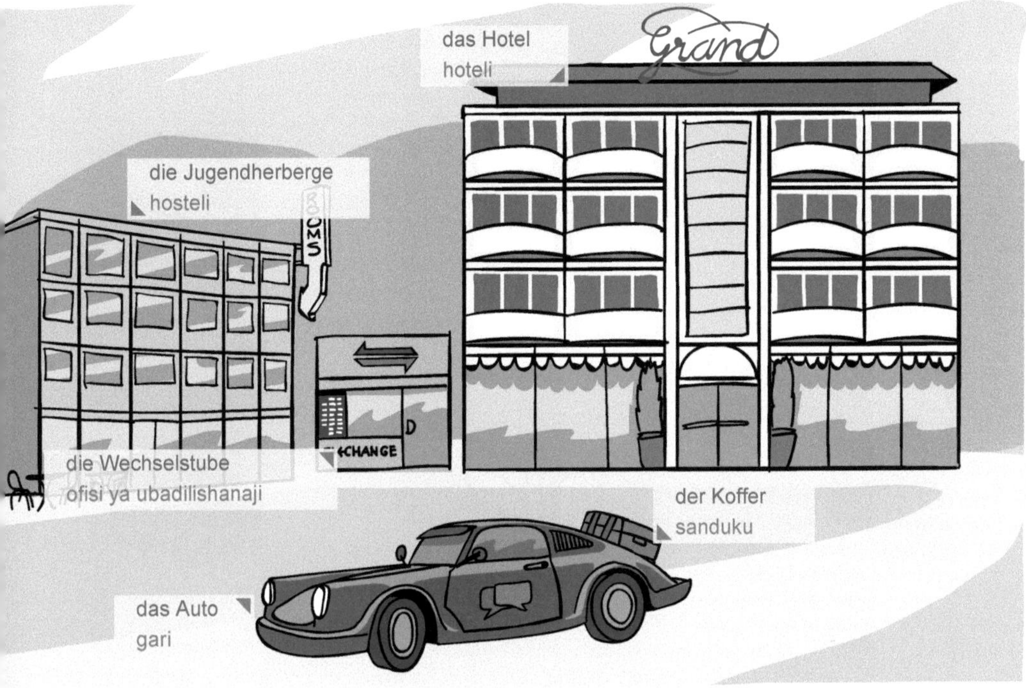

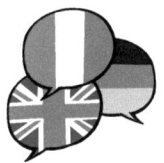

die Sprache

lugha

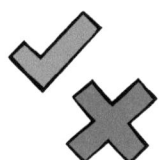

ja / nein

ndiyo / la

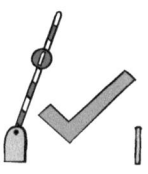

Okay

sawa

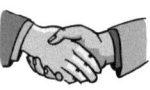

Hallo

hujambo

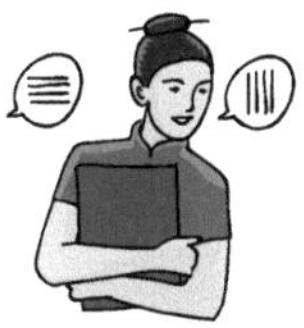

die Dolmetscherin

mtafsiri

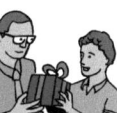

Danke

Asante

Wie viel kostet ...?

kiasi gani ni ...?

Ich verstehe nicht.

Sielewi

das Problem

tatizo

Guten Abend!

Jioni njema!

Guten Morgen!

Habari za asubuhi!

Gute Nacht!

Usiku mwema!

Auf Wiederschaun!

kwa heri

die Richtung

mwelekeo

das Gepäck

mizigo

die Tasche

mfuko

der Rucksack

shanta

der Gast

mgeni

das Zimmer

chumba

der Schlafsack

begi la kulalia

das Zelt

hema

die Touristeninformation

taarifa ya utalii

der Strand

ufuo

die Kreditkarte

kadi

das Frühstück

kifunguakinywa

das Mittagessen

chakula cha mchana

das Abendessen

chakula cha jioni

die Fahrkarte

tiketi

der Lift

kuinua

die Briefmarke

muhuri

die Grenze

mpaka

der Zoll

mila

die Botschaft

ubalozi

das Visum

visa

der Pass

pasipoti

die Reise - usafiri　　　　7

der Transport

usafiri

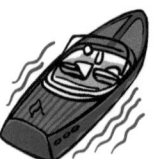

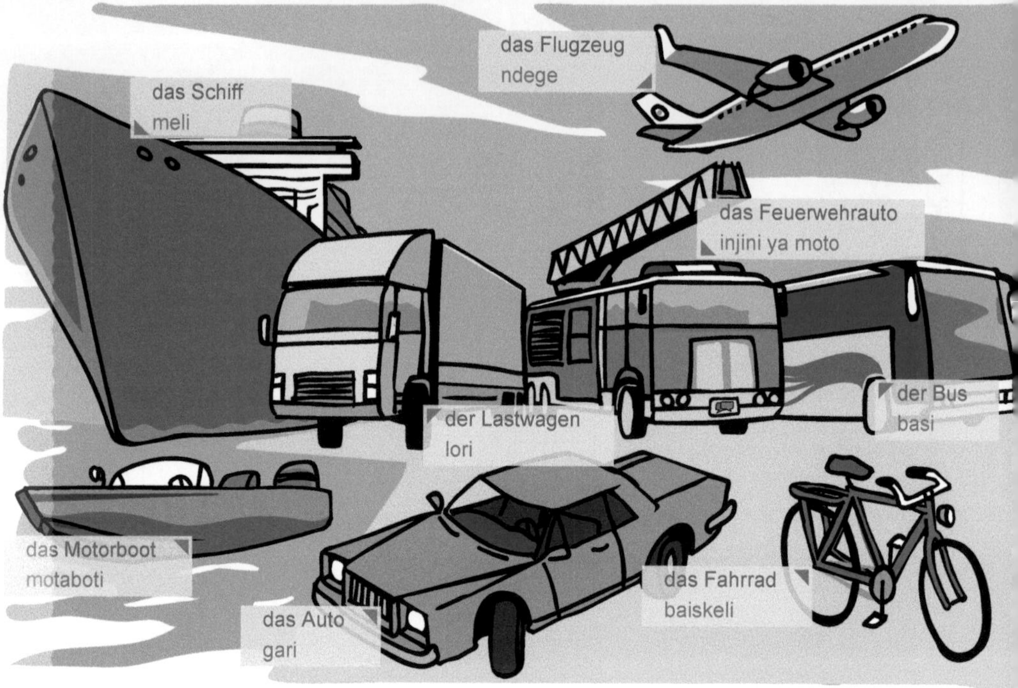

das Flugzeug
ndege
das Schiff
meli
das Feuerwehrauto
injini ya moto
der Bus
basi
der Lastwagen
lori
das Motorboot
motaboti
das Fahrrad
baiskeli
das Auto
gari

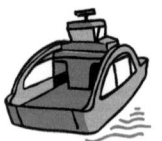

die Fähre

feri

das Boot

mashua

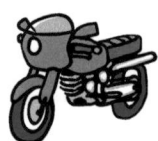

das Motorrad

pikipiki

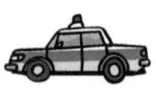

das Polizeiauto

gari la polisi

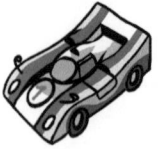

das Rennauto

gari la mashindano

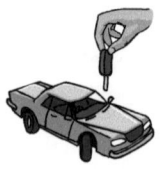

der Mietwagen

gari la kukodisha

das Carsharing

kushiriki gari

der Abschleppwagen

lori la kuvuta

der Müllwagen

ukusanyaji taka

der Motor

motor

der Kraftstoff

mafuta

die Tankstelle

kituo cha mafuta

das Verkehrsschild

ishara trafiki

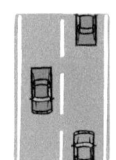

der Verkehr

trafiki

der Stau

msongamano

der Parkplatz

maegesho

der Bahnhof

kituo cha treni

die Schienen

reli

der Zug

garimoshi

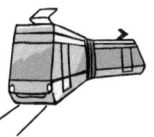

die Straßenbahn

tremu

der Wagon

gari la mizigo

der Hubschrauber

helikopta

der Flughafen

uwanja wa ndege

der Tower

mnara

der Passagier

abiria

der Container

chombo

der Karton

katoni

der Rollwagen

mkokoteni

der Korb

kikapu

starten / landen

ondoka

die Stadt

jiji

das Dorf

kijiji

das Stadtzentrum

katikati ya jiji

das Haus

nyumba

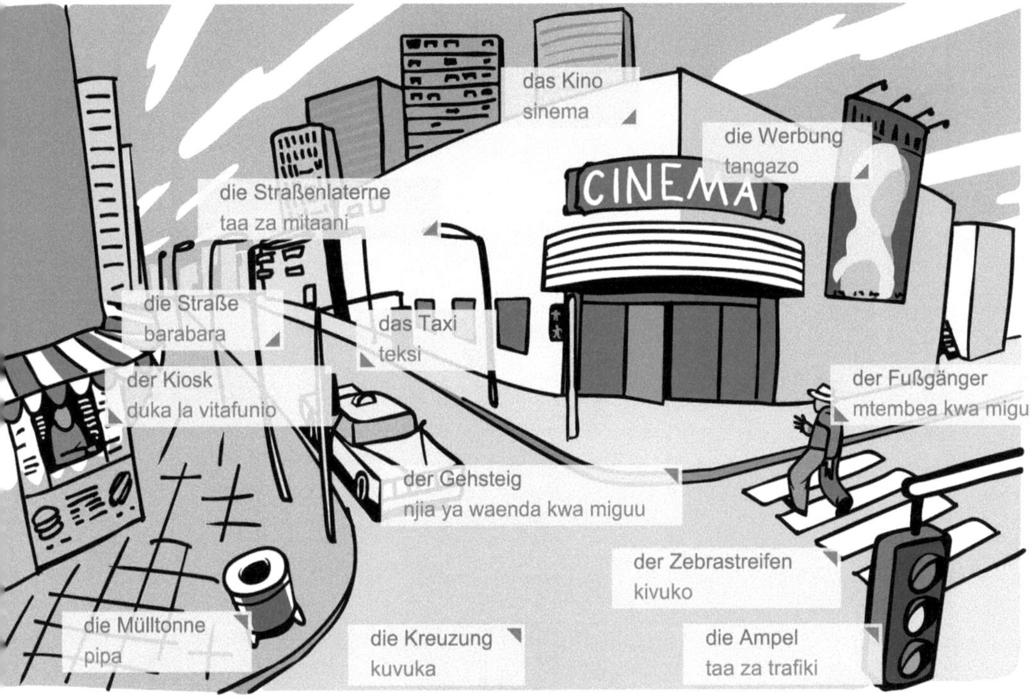

das Kino
sinema

die Werbung
tangazo

die Straßenlaterne
taa za mitaani

CINEMA

die Straße
barabara

das Taxi
teksi

der Kiosk
duka la vitafunio

der Fußgänger
mtembea kwa miguu

der Gehsteig
njia ya waenda kwa miguu

der Zebrastreifen
kivuko

die Mülltonne
pipa

die Kreuzung
kuvuka

die Ampel
taa za trafiki

die Hütte
kibanda

die Wohnung
gorofa

der Bahnhof
kituo cha treni

das Rathaus
ukumbi wa mji

das Museum
Makavazi

die Schule
shule

die Universität

chuo kikuu

die Bank

benki

das Spital

hospitali

das Hotel

hoteli

die Apotheke

duka la dawa

das Büro

ofisi

die Buchhandlung

duka la kitabu

das Geschäft

duka

der Blumenladen

duka la maua

der Supermarkt

dukakuu

der Markt

soko

das Kaufhaus

idara ya kuhifadhi

der Fischhändler

mwuza samaki

das Einkaufszentrum

kituo cha ununuzi

der Hafen

bandari

der Park

Hifadhi

die Bank

benki

die Brücke

daraja

die Stiege

vidato

die U-Bahn

chini ya ardhi

der Tunnel

handaki

die Bushaltestelle

kituo cha mabasi

die Bar

bar

das Restaurant

mgahawa

der Briefkasten

sanduku la posta

das Straßenschild

ishara ya barabara

die Parkuhr

mita ya maegesho

der Zoo

bustani ya wanyama

die Badeanstalt

kidimbwi cha kuogelea

die Moschee

msikiti

der Bauernhof

shamba

die Umweltverschmutzung

uchafuzi

der Friedhof

makaburini

die Kirche

kanisa

der Spielplatz

uwanja wa michezo

der Tempel

hekalu

die Landschaft

mazingira

das Blatt
jani

der Wegweiser
ishara ya mwelekeo

der Weg
njia

die Wiese
malisho

der Stein
jiwe

der Baum
mti

der Wanderer
mtembeaji wa masafa

der Fluss
mto

das Gras
nyasi

die Blume
ua

das Tal

bonde

der Hügel

kilima

der See

ziwa

der Wald

msitu

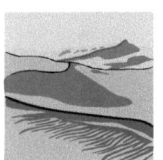

die Wüste

jangwa

der Vulkan

volkano

das Schloss

ngome

der Regenbogen

upinde wa mvua

der Pilz

uyoga

die Palme

mtende

der Moskito

mbu

die Fliege

kuruka

die Ameise

chungu

die Biene

nyuki

die Spinne

buibui

der Käfer

mende

der Frosch

chura

das Eichhörnchen

kuchakuro

der Igel

nungunungu

der Hase

sungura

die Eule

bundi

die Vogel

ndege

der Schwan

swan

das Wildschwein

nguruwe mwitu

der Hirsch

kulungu

der Elch

aina ya kongoni

der Staudamm

bwawa

das Windrad

tabo ya upepo

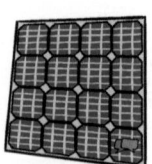

das Solarmodul

nishaji ya jua

das Klima

hali ya hewa

der Kellner
mhudumu

die Speisekarte
menyu

der Sessel
kiti

die Suppe
supu

die Pizza
piza

das Besteck
vilia

die Tischdecke
kitambaa cha mezani

die Vorspeise
kiamsha hamu

das Hauptgericht
kozi kuu

die Nachspeise
kitindamlo

die Getränke
vinywaji

das Essen
chakula

die Flasche
chupa

das Fastfood

chakula cha haraka

das Streetfood

Streetfood

die Teekanne

buli

die Zuckerdose

kisanduku cha sukari

die Portion

sehemu

die Espressomaschine

mashine ya espresso

der Kinderstuhl

kiti kirefu

die Rechnung

muswada

das Tablett

trei

das Messer

kisu

die Gabel

uma

der Löffel

kijiko

der Teelöffel

kijiko cha chai

die Serviette

nepi

das Glas

glasi

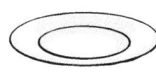

der Teller

sahani

der Suppenteller

sahani ya supu

die Untertasse

sufuria

die Sauce

mchuzi

der Salzstreuer

kichanyaji chumvi

die Pfeffermühle

kinu cha pilipili

der Essig

siki

das Öl

mafuta

die Gewürze

viungo

das Ketchup

kechapu

der Senf

haradali

die Mayonnaise

kachumbari nzito

der Supermarkt

dukakuu

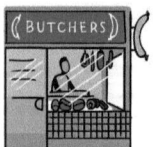

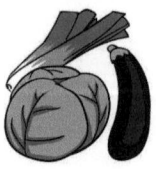

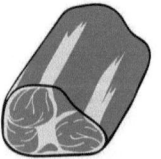

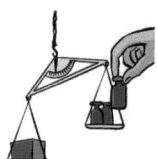

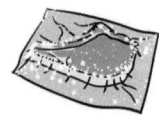

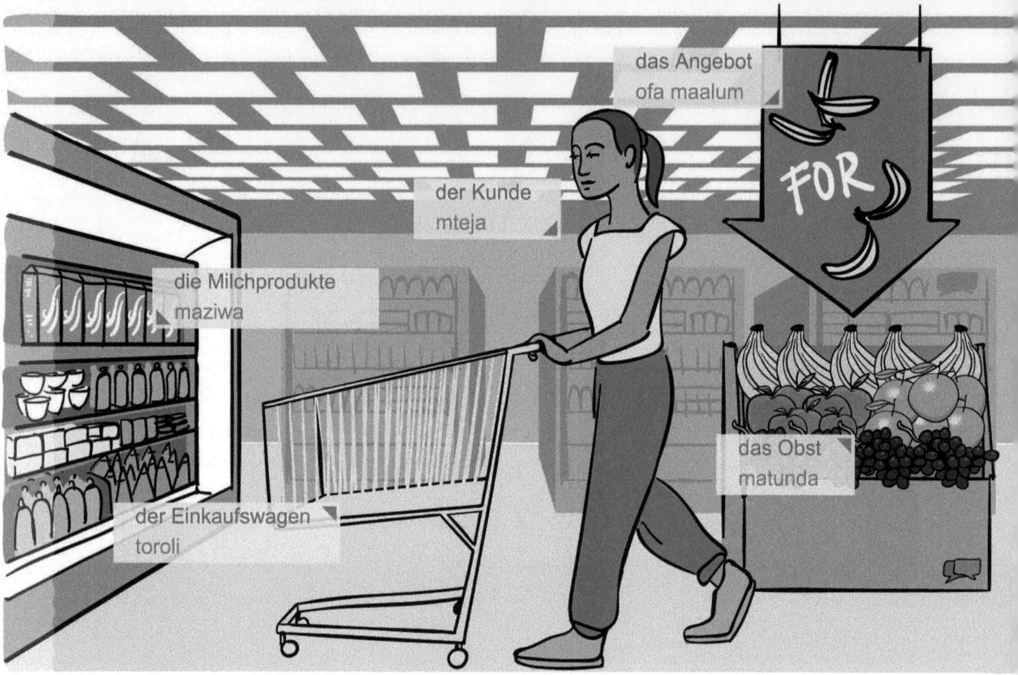

das Angebot
ofa maalum
FOR
der Kunde
mteja
die Milchprodukte
maziwa
das Obst
matunda
der Einkaufswagen
toroli

BUTCHERS

die Schlachterei

mchinjaji

BAKERY

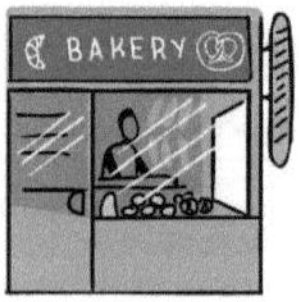

die Bäckerei

mwokaji

wiegen

uzito

das Gemüse

mboga

das Fleisch

nyama

die Tiefkühlkost

chakula waliohifadhiwa

der Aufschnitt
vipande vya nyama baridi

die Konserven
chakula cha kopo

das Waschmittel
sabuni ya unga

die Süßigkeiten
pipi

die Haushaltsartikel
bidhaa za kaya

das Reinigungsmittel
bidhaa za kusafisha

die Verkäuferin
mtu mauzo

die Kassa
mpaka

die Kassiererin
keshia

die Einkaufsliste
orodha ya manunuzi

die Öffnungszeiten
masaa ya ufunguzi

die Brieftasche
mkoba

die Kreditkarte
kadi

die Tasche
mfuko

die Plastiktüte
mfuko wa plastiki

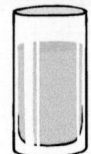

das Wasser

maji

der Saft

sharubati

die Milch

maziwa

die Cola

coke

der Wein

mvinyo

das Bier

bia

der Alkohol

pombe

der Kakao

kakao

der Tee

chai

der Kaffee

kahawa

der Espresso

spreso

der Cappuccino

kapuchino

die Banane

ndizi

der Apfel

tufaha

die Orange

machungwa

die Melone

tikiti

die Zitrone

lemon

die Karotte

karoti

der Knoblauch

kitunguu saumu

der Bambus

mianzi

die Zwiebel

kitunguu

der Pilz

uyoga

die Nüsse

karanga

die Nudeln

nudo

die Spaghetti

spageti

der Reis

mpunga

der Salat

saladi

die Pommes frites

vibanzi

die Bratkartoffeln

viazi vya kukaanga

die Pizza

piza

der Hamburger

hambaga

das Sandwich

sandwichi

das Schnitzel

kipande

der Schinken

paja la mnyama

die Salami

salami

die Wurst

soseji

das Huhn

kuku

der Braten

choma

der Fisch

samaki

die Haferflocken

oats ya uji

das Müsli

muesli

die Cornflakes

cornflakes

das Mehl

unga

das Croissant

kroisanti

die Semmel

andazi

das Brot

mkate

der Toast

mkate wa kubanika

die Kekse

biskuti

die Butter

siagi

der Topfen

maziwa mgando

der Kuchen

keki

das Ei

yai

das Spiegelei

yai kukaanga

der Käse

jibini

die Eiscreme

aiskrimu

der Zucker

sukari

der Honig

asali

die Marmelade

jemu

der Schokoladenaufstrich

kuenea kwa chokoleti

das Curry

mchuzi wa viungo

der Bauernhof
shamba

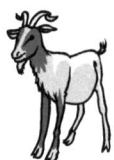

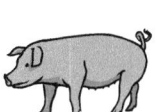

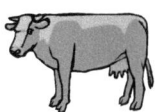

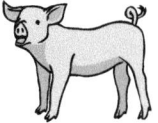

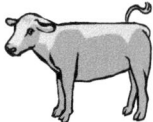

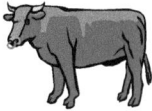

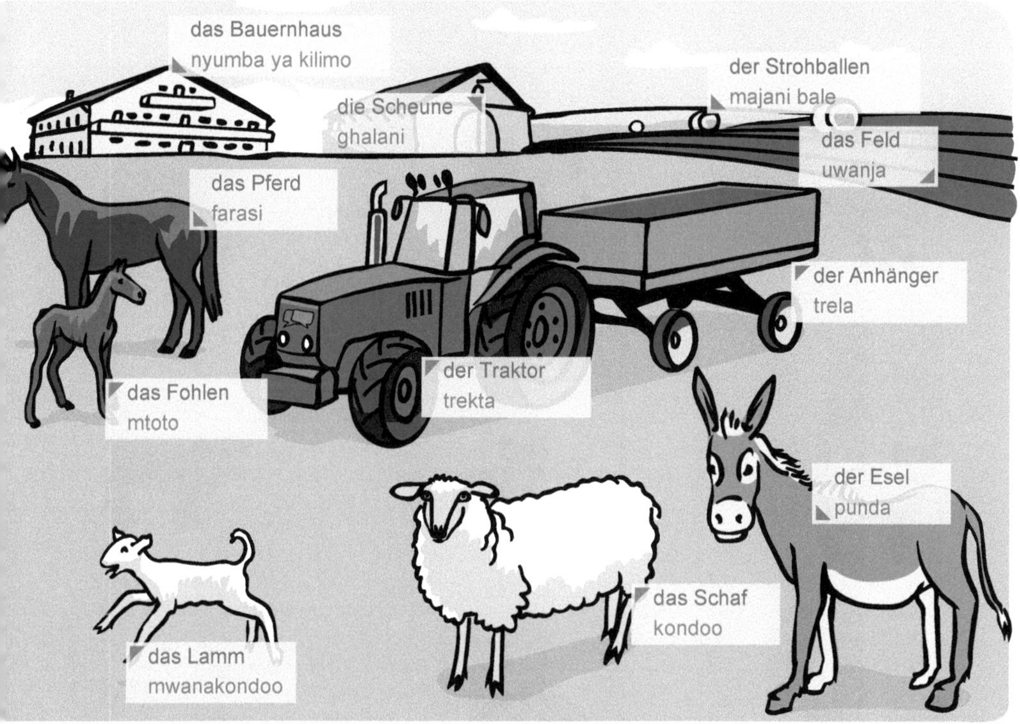
das Bauernhaus
nyumba ya kilimo
die Scheune
ghalani
der Strohballen
majani bale
das Feld
uwanja
das Pferd
farasi
der Anhänger
trela
das Fohlen
mtoto
der Traktor
trekta
der Esel
punda
das Schaf
kondoo
das Lamm
mwanakondoo

die Ziege

mbuzi

die Kuh

ng'ombe

das Kalb

ndama

das Schwein

nguruwe

das Ferkel

mwananguruwe

der Stier

fahali

die Gans

batabukini

die Ente

bata

das Küken

kifaranga

das Huhn

kuku

der Hahn

jogoo

die Ratte

panya

die Katze

paka

die Maus

panya

der Ochse

ng'ombe

der Hund

mbwa

die Hundehütte

nyumba ya mbwa

der Gartenschlauch

bomba la bustani

die Gießkanne

debe la kumwagilia maji

die Sense

fyekeo

der Pflug

kulima

die Sichel

mundu

die Hacke

jembe

die Mistgabel

uma wa nyasi

die Axt

shoka

die Schubkarre

toroli

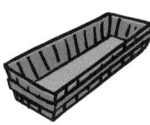

der Trog

kupitia nyimbo

die Milchkanne

chombo cha maziwa

der Sack

gunia

der Zaun

ua

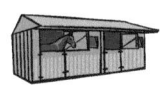

der Stall

imara

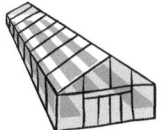

das Treibhaus

chafu

der Boden

udongo

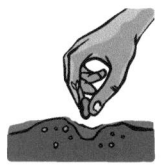

die Saat

mbegu

der Dünger

mbolea

der Mähdrescher

kivunaji

ernten

mavuno

die Ernte

mavuno

die Yamswurzel

viazi vikuu

der Weizen

ngano

das Soja

soya

der Erdapfel

viazi

der Mais

mahindi

der Raps

rapa

der Obstbaum

mti wa matunda

der Maniok

muhogo

das Getreide

nafaka

das Haus

nyumba

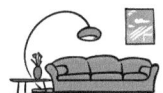

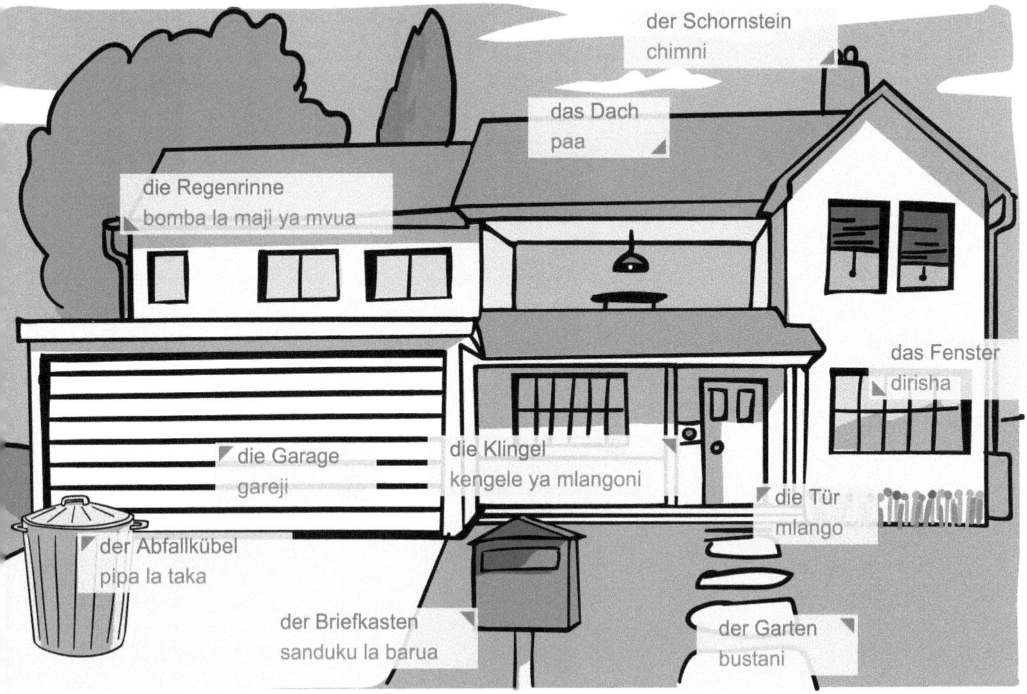

der Schornstein
chimni
das Dach
paa
die Regenrinne
bomba la maji ya mvua
das Fenster
dirisha
die Garage
gareji
die Klingel
kengele ya mlangoni
die Tür
mlango
der Abfallkübel
pipa la taka
der Briefkasten
sanduku la barua
der Garten
bustani

das Wohnzimmer

sebuleni

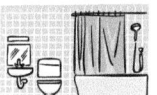

das Badezimmer

bafu

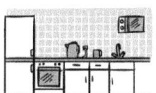

die Küche

jikoni

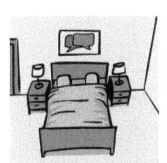

das Schlafzimmer

chumba cha kulala

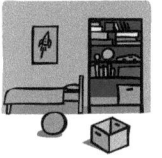

das Kinderzimmer

chumba ya mtoto

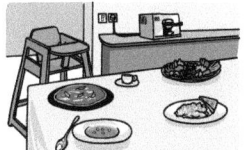

das Esszimmer

chumba cha kulia

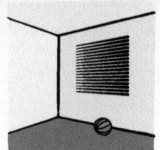

der Boden

sakafu

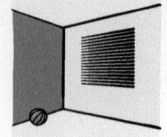

die Wand

ukuta

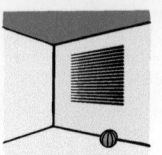

die Decke

dari

der Keller

pishi

die Sauna

sauna

der Balkon

roshani

die Terrasse

mtaro

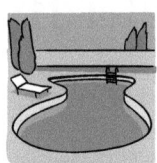

das Schwimmbad

kidimbwi

der Rasenmäher

mashine ya kukata nyasi

der Bettbezug

karatasi

die Bettdecke

kitambaa cha kupamba
kitanda

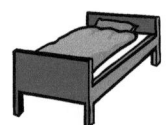

das Bett

kitanda

der Besen

ufagio

der Kübel

ndoo

der Schalter

kubadili

das Wohnzimmer

sebuleni

die Tapete
mandhari
das Bild
picha
die Lampe
taa
das Regal
rafu
der Schrank
kabati
der Fernseher
televisheni/runinga
der Kamin
mekoni
die Blume
ua
der Polster
mto
das Sofa
sofa
die Vase
chombo cha maua
die Fernbedienung
kitenzambali

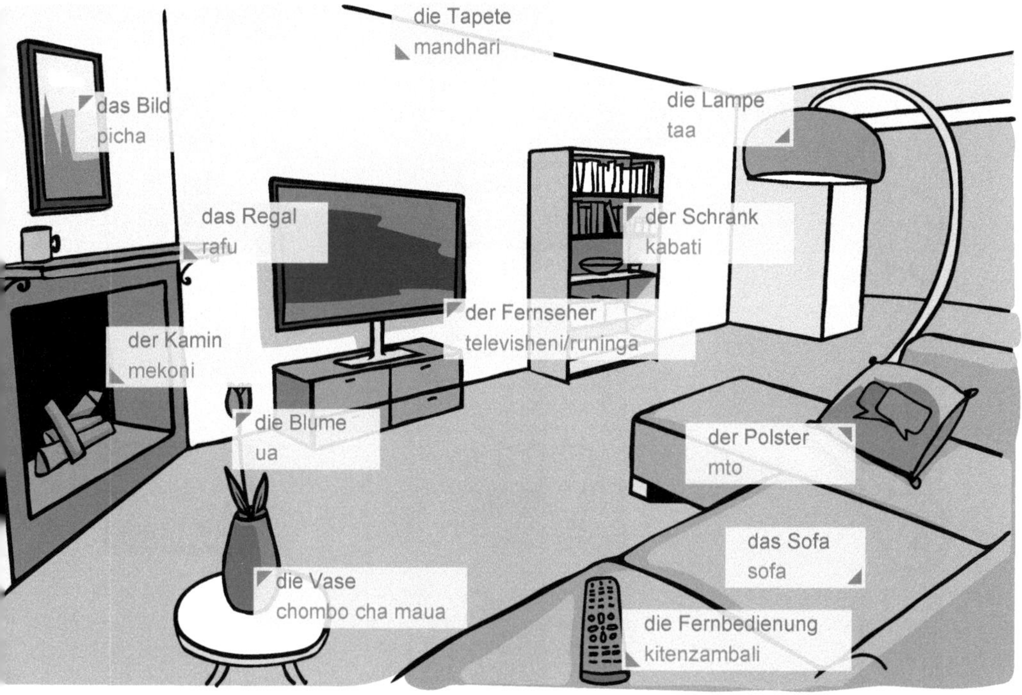

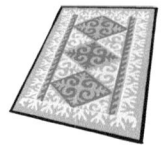

der Teppich
zulia

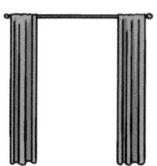

der Vorhang
pazia

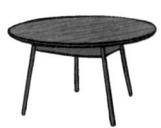

der Tisch
meza

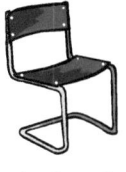

der Sessel
kiti

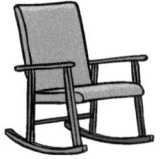

der Schaukelstuhl
kiti cha bembea

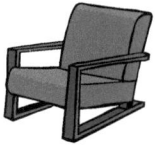

der Sessel
armchair

das Buch

kitabu

die Decke

blanketi

die Dekoration

mapambo

das Feuerholz

kuni

der Film

filamu

die Stereoanlage

kifaa cha hi-fi

der Schlüssel

ufunguo

die Zeitung

gazeti

das Gemälde

uchoraji

das Poster

bango

das Radio

redio

der Notizblock

daftari

der Staubsauger

kifyonza

der Kaktus

dungusi kakati

die Kerze

mshumaa

die Küche
jikoni

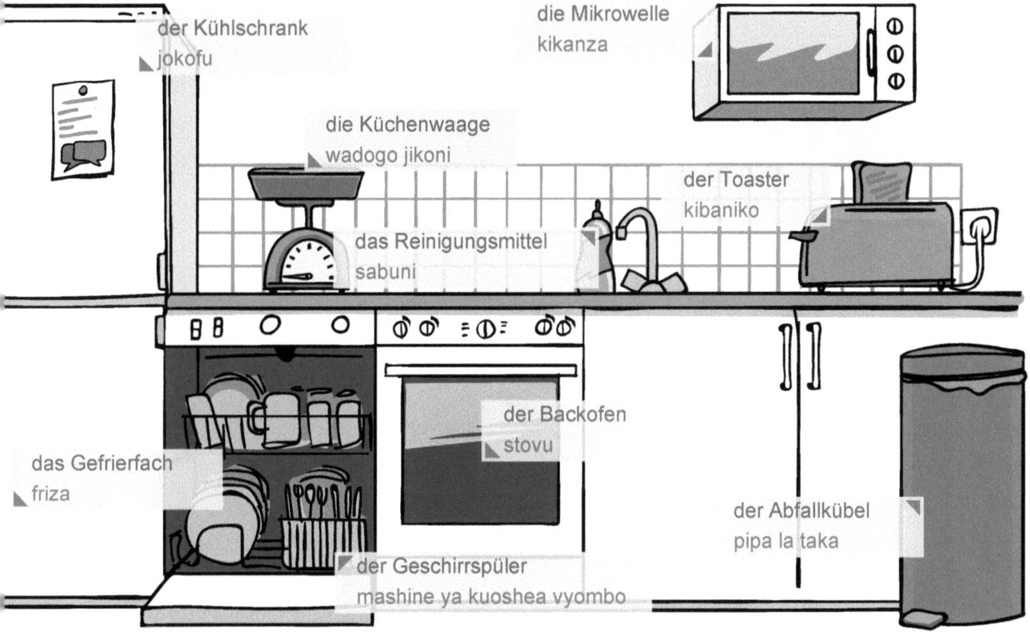
der Kühlschrank
jokofu
die Mikrowelle
kikanza
die Küchenwaage
wadogo jikoni
der Toaster
kibaniko
das Reinigungsmittel
sabuni
der Backofen
stovu
das Gefrierfach
friza
der Abfallkübel
pipa la taka
der Geschirrspüler
mashine ya kuoshea vyombo

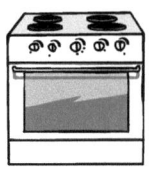

der Herd

jiko la kupika

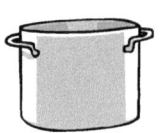

der Topf

chungu

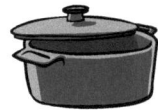

der Eisentopf

sufuria ya chuma

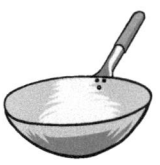

der Wok / Kadai

wok / kadai

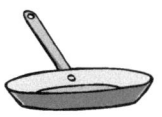

die Pfanne

kaango

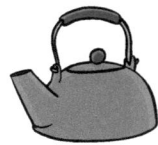

der Wasserkocher

birika

der Dampfgarer

stima

das Backblech

sinia ya kuoka

das Geschirr

vyombo vya udongo

der Becher

kombe

die Schale

bakuli

die Essstäbchen

vijiti vya kulia

der Schöpflöffel

ukawa

der Pfannenwender

mwiko mpana

der Schneebesen

burashi

das Kochsieb

kichujio

das Sieb

chujio

die Reibe

mbuzi

der Mörser

chokaa

der Grill

barbeque

das Kaminfeuer

moto wazi

das Schneidebrett

ubao wa majaribio

das Nudelholz

kijiti cha kusukuma unga

der Korkenzieher

kizibuo

die Dose

kopo

der Dosenöffner

inaweza kopo

der Topflappen

kishikio cha chungu

das Waschbecken

karo

die Bürste

brashi

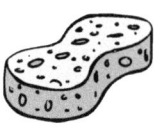

der Schwamm

sifongo

der Mixer

kisagaji matunda

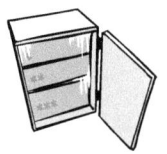

die Gefriertruhe

friji ya kina

die Babyflasche

chupa ya mtoto

der Wasserhahn

bomba

das Badezimmer
bafu

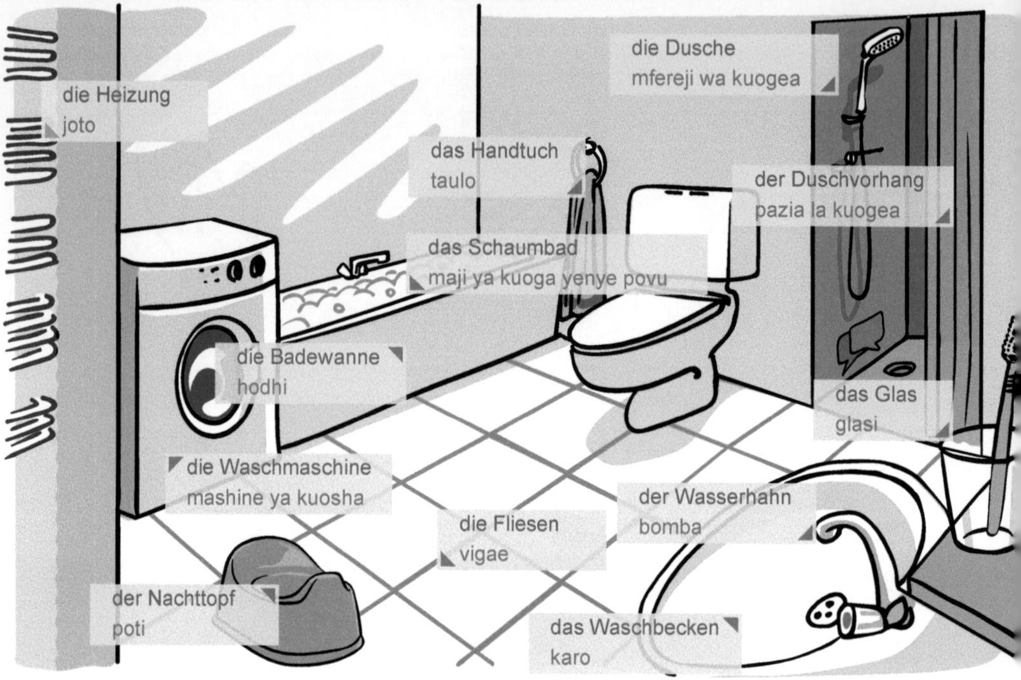

die Dusche
mfereji wa kuogea

die Heizung
joto

das Handtuch
taulo

der Duschvorhang
pazia la kuogea

das Schaumbad
maji ya kuoga yenye povu

die Badewanne
hodhi

das Glas
glasi

die Waschmaschine
mashine ya kuosha

der Wasserhahn
bomba

die Fliesen
vigae

der Nachttopf
poti

das Waschbecken
karo

das Klo

choo

die Hocktoilette

choo cha squat

das Bidet

beseni la mviringo

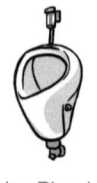

das Pissoir

choo cha umma

das Klopapier

shashi

die Klobürste

brashi ya choo

die Zahnbürste

mswaki

die Zahnpasta

dawa ya meno

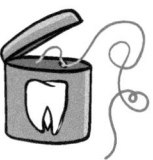

die Zahnseide

dawa ya meno

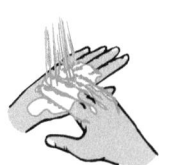

waschen

safisha

die Handbrause

kuoga mkono

die Intimdusche

msukumo wa maji

die Waschschüssel

bonde

die Rückenbürste

mpako wa pili

die Seife

sabuni

das Duschgel

jeli ya kuogea

das Shampoo

shampuu

der Waschlappen

flana

der Abfluss

toa maji

die Creme

krimu

das Deodorant

kiondoa harufu

der Spiegel

kioo

der Kosmetikspiegel

kioo mkono

der Rasierer

kinyozi

der Rasierschaum

povu la kunyoa

das Rasierwasser

baada ya kunyoa

der Kamm

kichana

die Bürste

brashi

der Föhn

kikausha nywele

das Haarspray

marashi ya nyewele

das Makeup

vipodozi

der Lippenstift

kidomwa

der Nagellack

varnish ya msumari

die Watte

pamba

die Nagelschere

mkasi wa kucha

das Parfum

manukato

der Kulturbeutel

mkoba wa kuosha

der Hocker

kinyesi

die Waage

mizani

der Bademantel

nguo ya kuoga

die Gummihandschuhe

glavu za mpira

das Tampon

kisodo

die Damenbinde

sodo

die Chemietoilette

kemikali choo

das Kinderzimmer
chumba ya mtoto

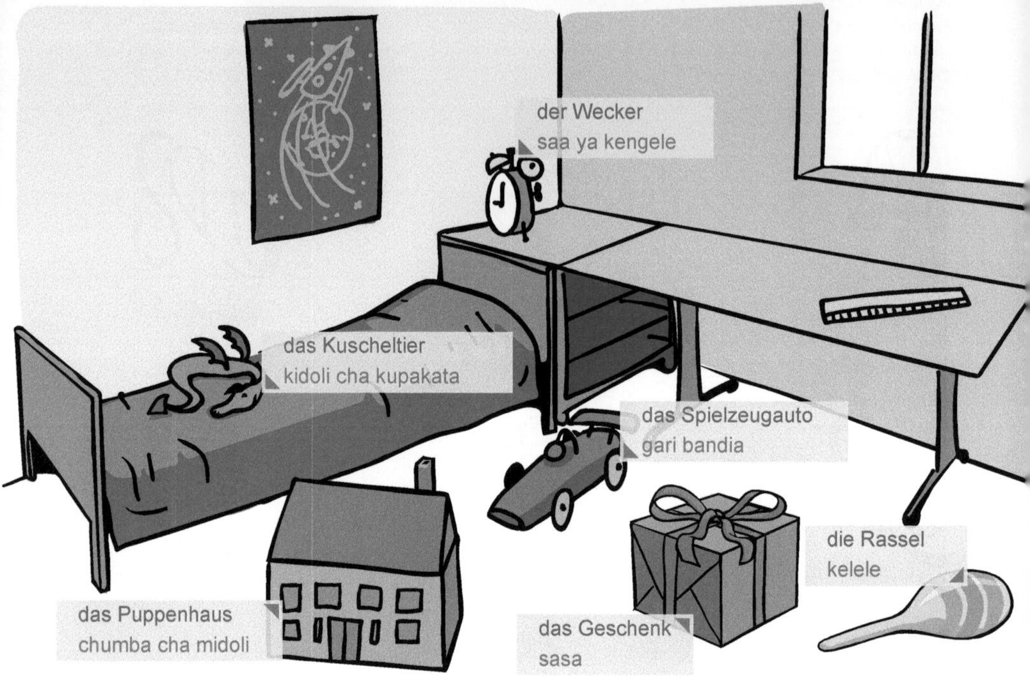

der Wecker
saa ya kengele
das Kuscheltier
kidoli cha kupakata
das Spielzeugauto
gari bandia
die Rassel
kelele
das Puppenhaus
chumba cha midoli
das Geschenk
sasa

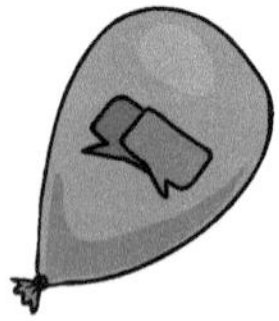

der Ballon

baluni

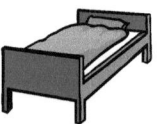

das Bett

kitanda

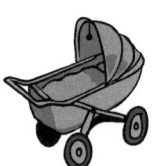

der Kinderwagen

mashua

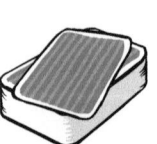

das Kartenspiel

staha ya kadi

das Puzzle

mchezo-fumb

SUPER
MEGA

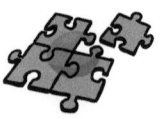

der Comic

vichekesho

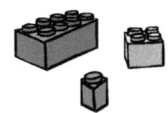

die Legosteine

matofali lego

die Bausteine

vitalu mwigo

die Actionfigur

hatua takwimu

der Strampelanzug

suti ya kulalia

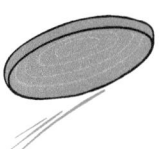

das Frisbee

kisahani

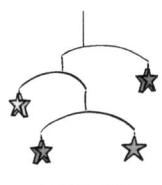

das Mobile

simu

das Brettspiel

ubao wa michezo

der Würfel

kete

die Modelleisenbahn

garimoshi mwigo

der Schnuller

dummy

die Party

chama

das Bilderbuch

picha kitabu

der Ball

mpira

die Puppe

kikaragosi

spielen

kucheza

der Sandkasten

shimo la mchanga

die Schaukel

bembea

das Spielzeug

vitu bandia

die Spielkonsole

kiweko cha video ya mchezo

das Dreirad

baiskeli ya magurudumu

matatu

der Teddy

mwanasesere

der Kleiderschrank

kabati

die Kleidung

nguo

die Socken

soksi

die Strümpfe

stokingi

die Strumpfhose

kibano

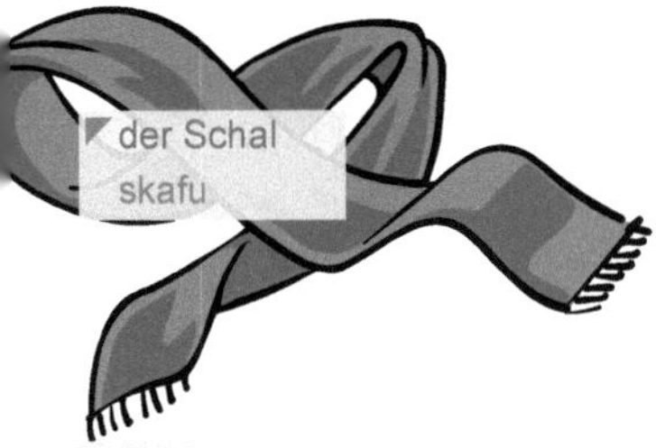

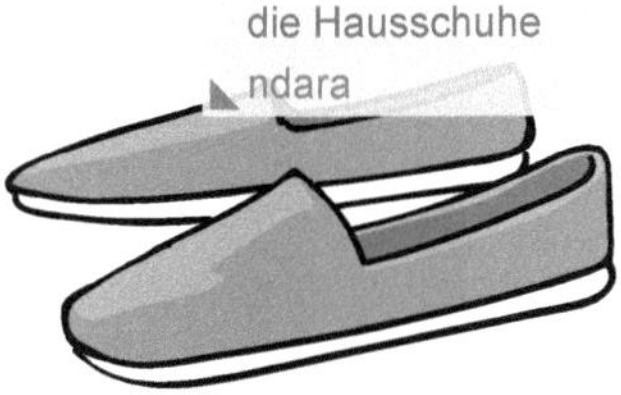

der Schal
skafu

der Regenschirm
mwavuli

das T-Shirt
fulana

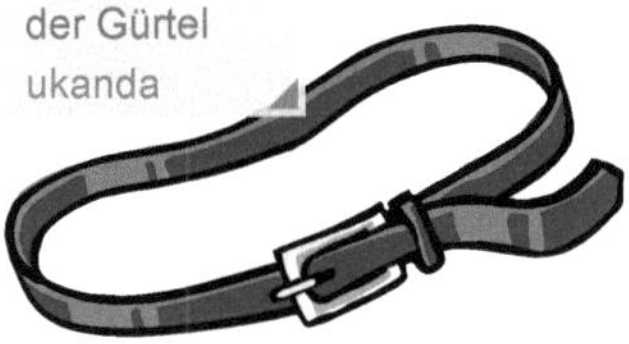

der Gürtel
ukanda

die Stiefel
viatu

die Hausschuhe
ndara

die Turnschuhe
wakufunzi

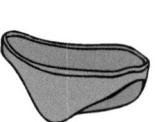
die Sandalen
malapa

die Schuhe
viatu

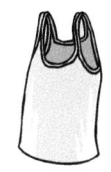
die Gummistiefel
mabuti ya mpira

die Unterhose
suruali ya ndani

der Büstenhalter
sidiria

das Unterhemd
fulana

der Body

mwili

die Hose

suruali

die Jeans

dangirizi

der Rock

sketi

die Bluse

blauzi

das Hemd

shati

der Pullover

vuta

der Kapuzenpullover

sweta

der Blazer

bleza

die Jacke

jaketi

der Mantel

koti

der Regenmantel

koti la mvua

das Kostüm

maleba

das Kleid

gauni

das Hochzeitskleid

mavazi ya harusi

der Anzug

suti

das Nachthemd

vazi la usiku

der Pyjama

pajama

der Sari

sari

das Kopftuch

skafu

der Turban

kilemba

die Burka

burka

der Kaftan

kaftan

die Abaya

abaya

der Badeanzug

vazi la kuogelea

die Badehose

vazi la kiume la kuogelea

die kurze Hose

kaptura

der Jogginganzug

teitei

die Schürze

aproni

die Handschuhe

glavu

der Knopf

kifungo

die Brille

glasi

das Armband

bangili

die Halskette

mkufu

der Ring

pete

der Ohrring

herini

die Mütze

kofia

der Kleiderbügel

kiango cha koti

der Hut

kofia

die Krawatte

tai

der Reißverschluss

zipu

der Helm

kofia

der Hosenträger

kanda za suruali

die Schuluniform

sare za shule

die Uniform

sare

das Lätzchen

bibu

der Schnuller

dummy

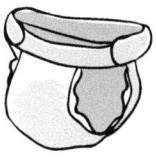

die Windel

nepi

das Büro
ofisi

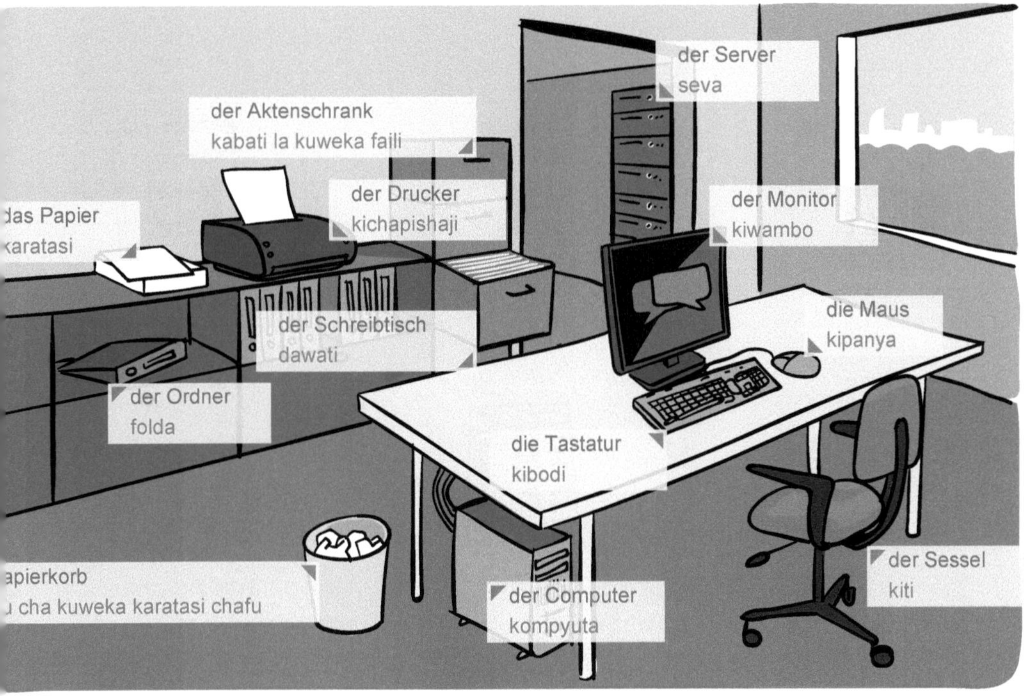

der Server
seva

der Aktenschrank
kabati la kuweka faili

der Drucker
kichapishaji

der Monitor
kiwambo

das Papier
karatasi

die Maus
kipanya

der Schreibtisch
dawati

der Ordner
folda

die Tastatur
kibodi

apierkorb
u cha kuweka karatasi chafu

der Sessel
kiti

der Computer
kompyuta

der Kaffeebecher

kmobe la kahawa

der Taschenrechner

kikokotoo

das Internet

biashara

der Laptop

mbali

der Brief

barua

die Nachricht

ujumbe

das Handy

rununu

das Netzwerk

intaneti

der Kopierer

fotokopia

die Software

programu

das Telefon

simu

die Steckdose

soketi

das Fax

kipepesi

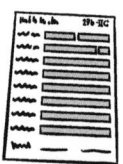

das Formular

fomu

das Dokument

hati

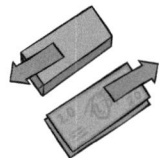

kaufen

kununua

bezahlen

kulipa

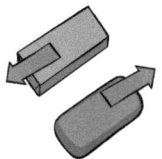

handeln

biashara

das Geld

fedha

der Dollar

dola

der Euro

yuro

der Yen

yeni

der Rubel

rouble

der Franken

faranga ya Uswisi

der Renminbi Yuan

renminbi yuan

die Rupie

rupia

der Bankomat

eneo la kulipia

die Wechselstube

ofisi ya ubadilishanaji

das Gold

dhahabu

das Silber

fedha

das Öl

mafuta

die Energie

nishati

der Preis

bei

der Vertrag

mkataba

die Steuer

kodi

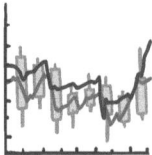

die Aktie

bidhaa

arbeiten

kazi

der Angestellte

mfanyakazi

der Arbeitgeber

mwajiri

die Fabrik

kiwanda

das Geschäft

duka

die Berufe
kazi

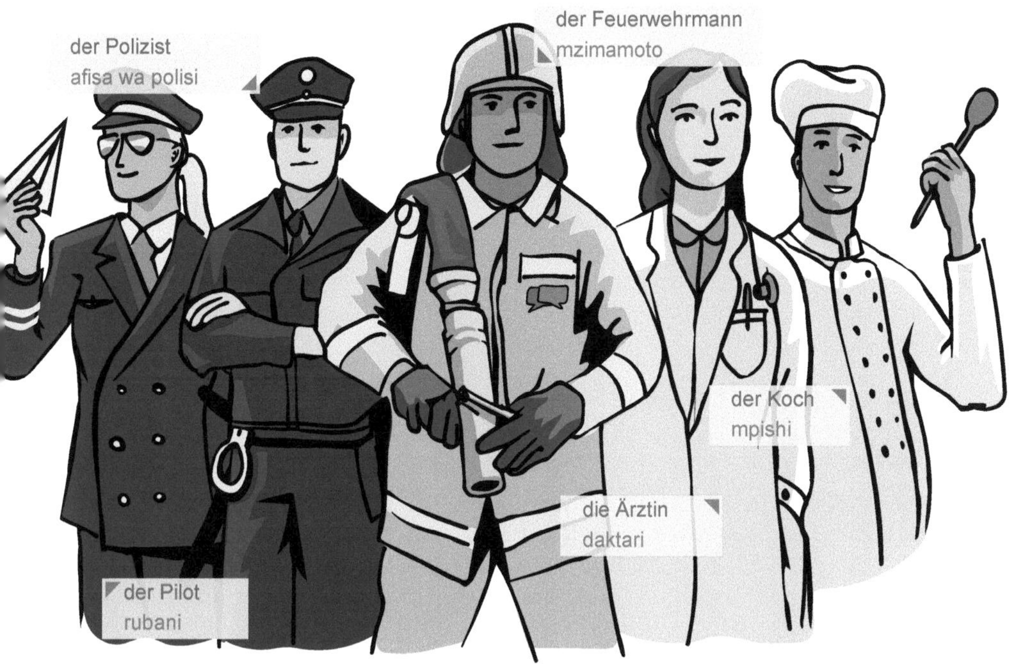
der Feuerwehrmann
mzimamoto
der Polizist
afisa wa polisi
der Koch
mpishi
die Ärztin
daktari
der Pilot
rubani

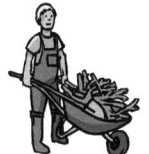

der Gärtner

mtunza bustani

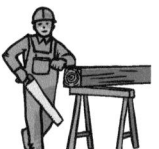

der Tischler

seremala

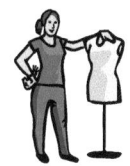

die Schneiderin

mshonaji

der Richter

hakimu

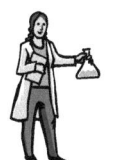

die Chemikerin

mwanakemia

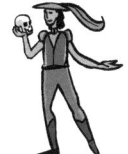

der Schauspieler

muigizaji

der Busfahrer

dereva wa basi

der Fischer

mvuvi

der Taxifahrer

dereva wa teksi

die Putzfrau

mwanamke wa kusafisha

der Dachdecker

mwezekaji

der Kellner

mhudumu

der Jäger

mwindaji

der Maler

mchoraji

der Bäcker

mwokaji

der Elektriker

umeme

der Bauarbeiter

mjenzi

der Ingenieur

mhandisi

der Schlachter

mchinjaji

der Installateur

fundi bomba

die Briefträgerin

mwanaposta

der Soldat

mwanajeshi

der Architekt

msanifu majengo

die Kassiererin

keshia

die Blumenhändlerin

muuza maua

der Friseur

msusi

der Schaffner

kondakta

der Mechaniker

mekanika

der Kapitän

nahodha

die Zahnärztin

daktari wa meno

der Wissenschaftler

mwanasayansi

der Rabbi

rabbi

der Imam

imamu

der Mönch

mtawa

der Pfarrer

kasisi

die Werkzeuge
zana

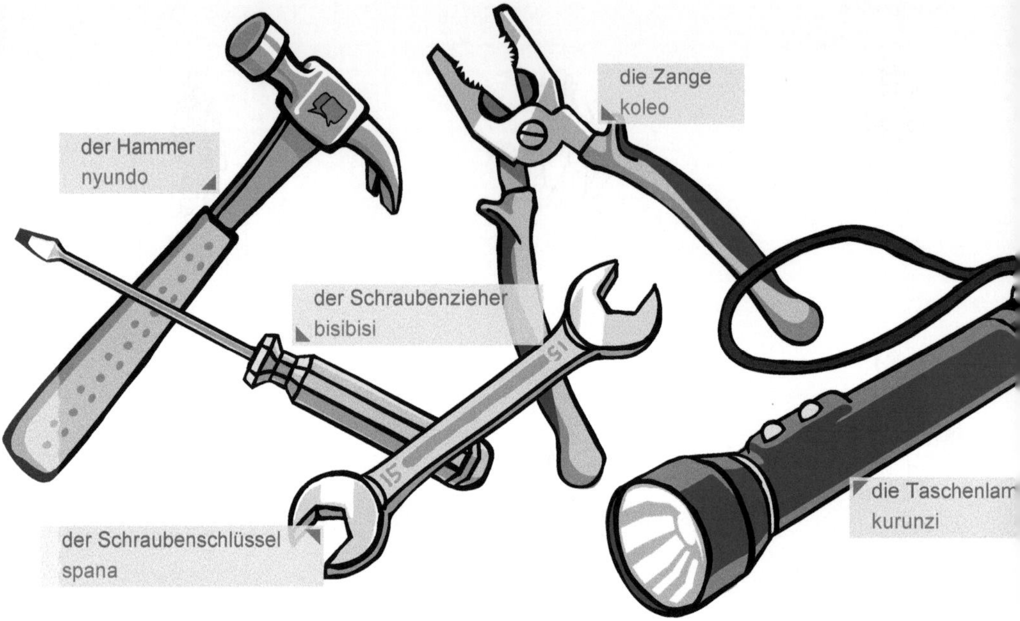

der Hammer
nyundo

die Zange
koleo

der Schraubenzieher
bisibisi

der Schraubenschlüssel
spana

die Taschenlam
kurunzi

der Bagger

mchimbaji

der Werkzeugkasten

sanduku la vifaa

die Leiter

ngazi

die Säge

msumeno

die Nägel

misumari

der Bohrer

kuchimba visima

reparieren

kukarabati

die Schaufel

sepetu

Scheiße!

Lo!

die Kehrschaufel

kishikio cha uchafu

der Farbtopf

chungu cha rangi

die Schrauben

skurubu

die Musikinstrumente
ala za muziki

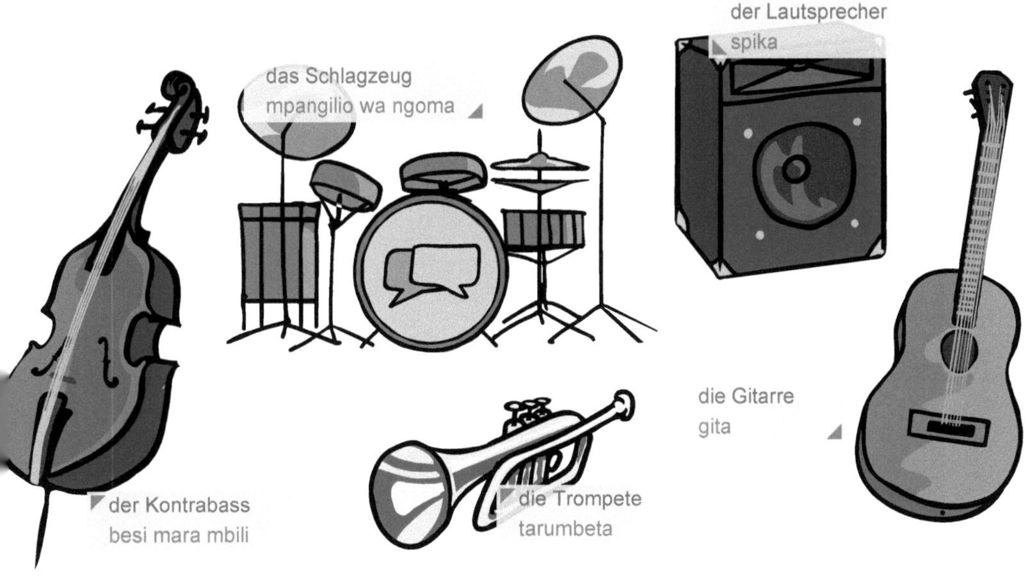

der Lautsprecher
spika

das Schlagzeug
mpangilio wa ngoma

die Gitarre
gita

der Kontrabass
besi mara mbili

die Trompete
tarumbeta

das Klavier

piano

die Violine

fidla

der Bass

ubeji

die Pauke

timpani

die Trommeln

ngoma

die Tastatur

kibodi

das Saxophon

saksafoni

die Flöte

filimbi

das Mikrofon

maikrofoni

der Zoo
bustani ya wanyama

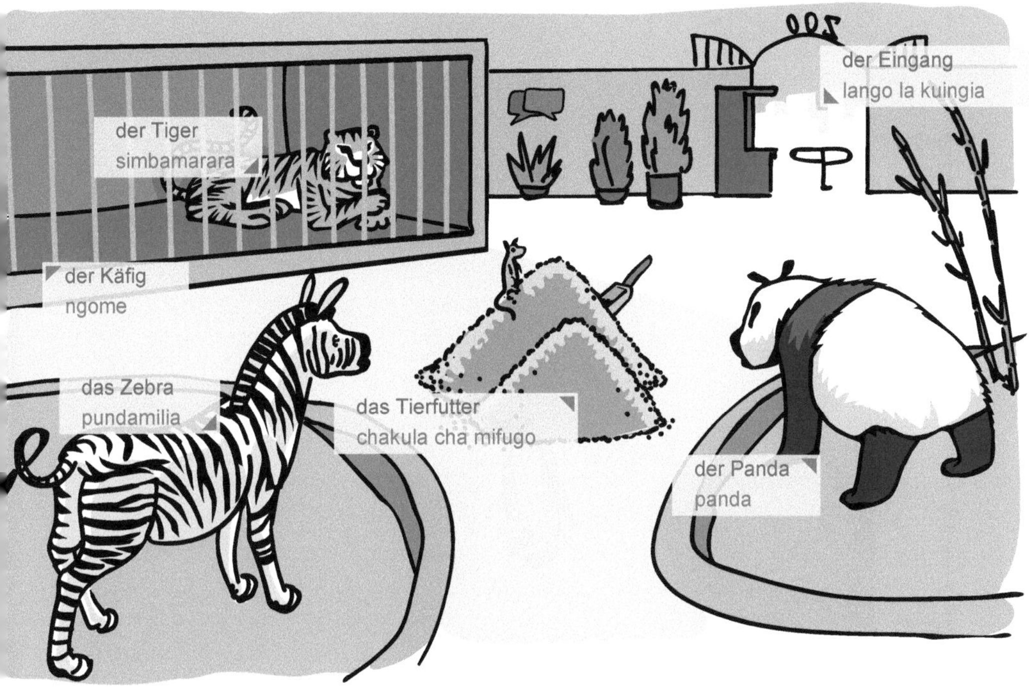

der Eingang
lango la kuingia

der Tiger
simbamarara

der Käfig
ngome

das Zebra
pundamilia

das Tierfutter
chakula cha mifugo

der Panda
panda

die Tiere

wanyama

der Elefant

tembo

das Känguru

kangaruu

das Nashorn

kifaru

der Gorilla

sokwe

der Bär

dubu

das Kamel

ngamia

der Strauß

mbuni

der Löwe

simba

der Affe

tumbili

der Flamingo

heroe

der Papagei

kasuku

der Eisbär

dubu

der Pinguin

penguini

der Hai

papa

der Pfau

tausi

die Schlange

nyoka

das Krokodil

mamba

der Zoowärter

mtunza wanyama

die Robbe

muhuri

der Jaguar

jaguar

das Pony

mwanafarasi

der Leopard

chui

das Nilpferd

kiboko

die Giraffe

twiga

der Adler

tai

das Wildschwein

nguruwe mwitu

der Fisch

samaki

die Schildkröte

kobe

das Walross

sili

der Fuchs

mbweha

die Gazelle

paa

der Sport
michezo

das American Football
soka ya marekani

das Radfahren
uendeshaji baiskeli

das Tennis
tenisi

der Basketball
mpira wa kikapu

das Schwimmen
kuogelea

das Eishockey
magongo ya barafuni

das Boxen
ndondi

der Fußball

soka

das Badminton

vinyoya

die Leichtathletik

riadha

der Handball

mpira wa mikono

das Skifahren

skii

das Polo

polo

die Aktivitäten
shughuli

springen
kuruka
umarmen
kumbatia
lachen
cheka
gehen
kutembea
singen
kuimba
träumen
ota ndoto
beten
kuomba
küssen
busu

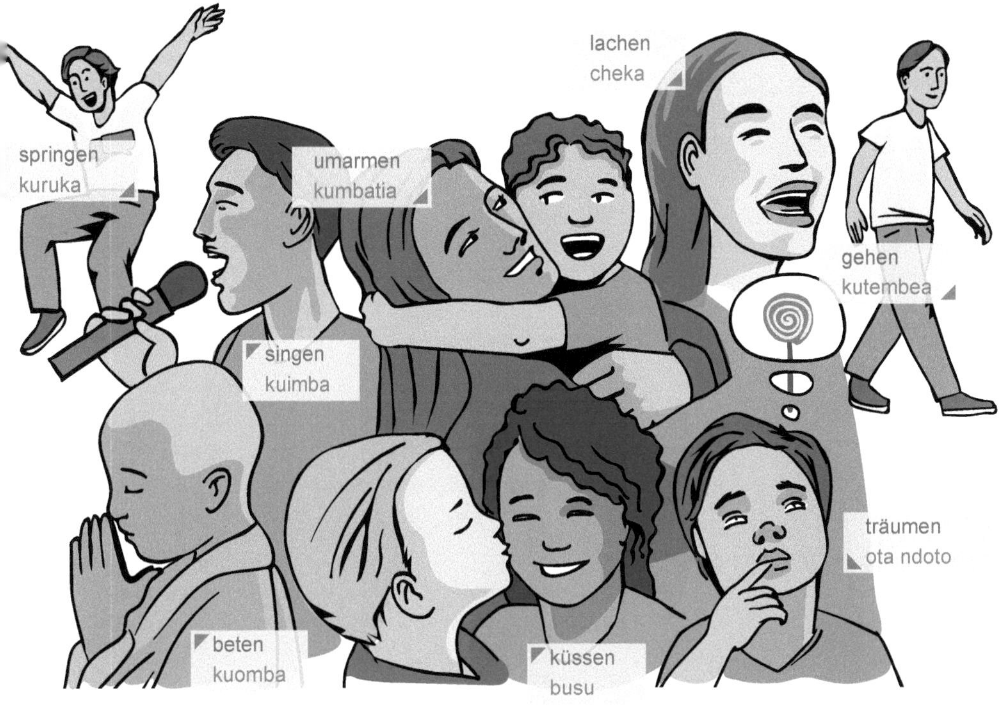

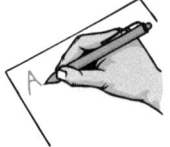

schreiben
kuandika

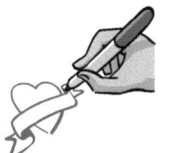

zeichnen
kuteka

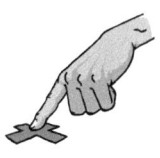

zeigen
angalia

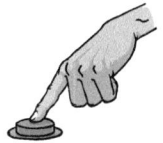

drücken
sukuma

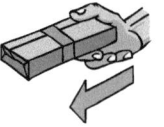

geben
kutoa

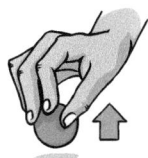

nehmen
kuchukua

haben

kuwa

machen

fanya

sein

kuwa

stehen

kusimama

laufen

kukimbia

ziehen

vuta

werfen

kutupa

fallen

kuanguka

liegen

hadaa

warten

kusubiri

tragen

kubeba

sitzen

kukaa

anziehen

vaa nguo

schlafen

usingizi

aufwachen

kuamka

ansehen

kuangalia

weinen

lia

streicheln

kiharusi

frisieren

chana nywele

reden

ongea

verstehen

kuelewa

fragen

kuuliza

hören

kusikiliza

trinken

kunywa

essen

kula

zusammenräumen

nadhifisha

lieben

upendo

kochen

mpishi

fahren

gari

fliegen

kuruka

segeln

meli

rechnen

kokotoa

lesen

kusoma

lernen

kujifunza

arbeiten

kazi

heiraten

kuoa

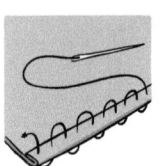

nähen

kushona

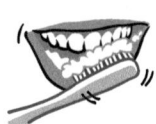

Zähne putzen

piga mswaki

töten

kuua

rauchen

moshi

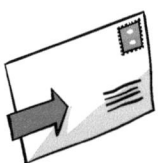

senden

kutuma

die Familie
familia

die Großmutter
bi

der Großvater
babu

der Vater
baba

die Mutter
mama

das Baby
mtoto

die Tochter
binti

der Sohn
bin

der Gast
mgeni

die Tante
shangazi

der Onkel
mjomba

der Bruder
kaka

die Schwester
dada

der Körper
mwili

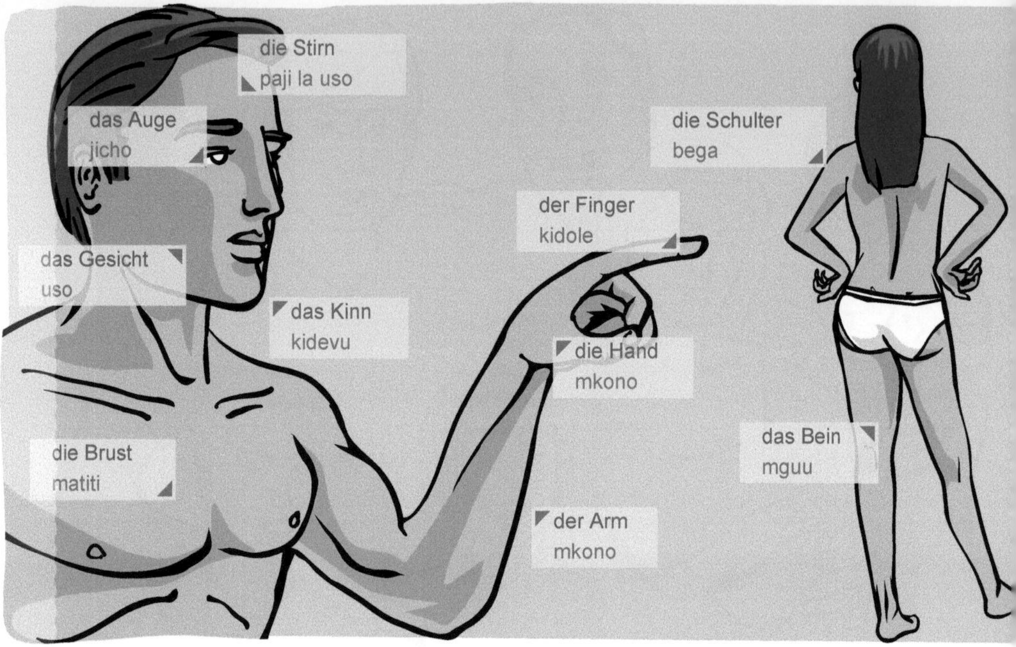

die Stirn
paji la uso

das Auge
jicho

die Schulter
bega

der Finger
kidole

das Gesicht
uso

das Kinn
kidevu

die Hand
mkono

die Brust
matiti

das Bein
mguu

der Arm
mkono

das Baby

mtoto

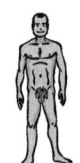

der Mann

mwanamume

die Frau

mwanamke

das Mädchen

msichana

der Junge

mvulana

der Kopf

kichwa

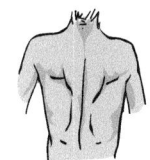

der Rücken

nyuma

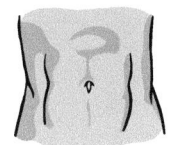

der Bauch

tumbo

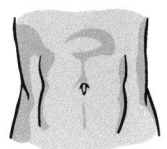

der Nabel

kitovu

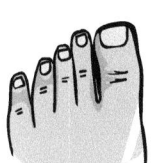

der Zeh

chano

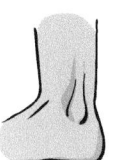

die Ferse

kisigino

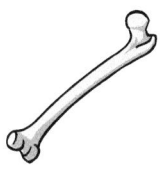

der Knochen

mfupa

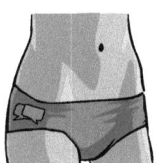

die Hüfte

nyonga

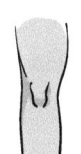

das Knie

goti

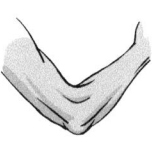

der Ellbogen

kiwiko

die Nase

pua

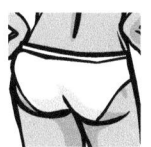

das Gesäß

chini

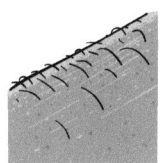

die Haut

ngozi

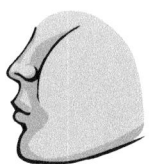

die Wange

shavu

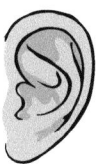

das Ohr

sikio

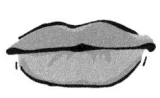

die Lippe

mdomo

der Mund

kinywa

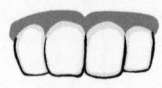

der Zahn

jino

die Zunge

ulimi

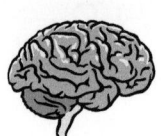

das Gehirn

ubongo

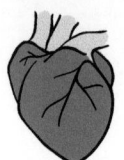

das Herz

moyo

der Muskel

misuli

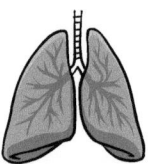

die Lunge

pafu

die Leber

ini

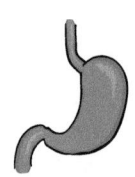

der Magen

tumbo

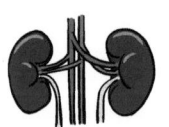

die Nieren

figo

der Geschlechtsverkehr

jinsia

das Kondom

kondomu

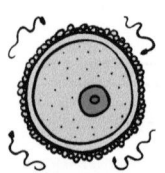

die Eizelle

ovari

das Sperma

shahawa

die Schwangerschaft

mimba

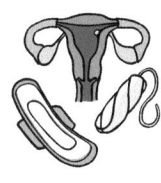

die Menstruation

hedhi

die Vagina

uke

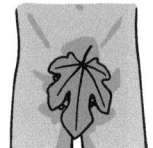

der Penis

uume

die Augenbraue

unyusi

das Haar

nywele

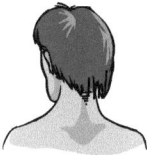

der Hals

shingo

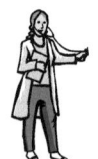

das Spital
hospitali

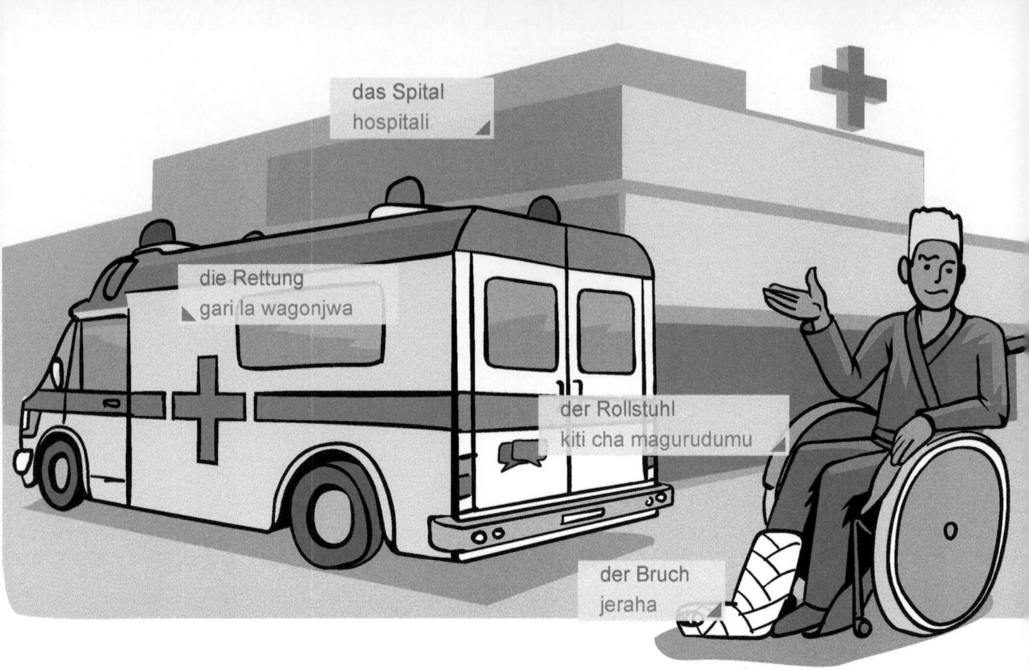

das Spital
hospitali
die Rettung
gari la wagonjwa
der Rollstuhl
kiti cha magurudumu
der Bruch
jeraha

die Ärztin
daktari

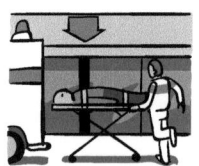

die Notaufnahme
chumba cha dharura

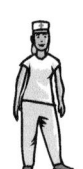

die Krankenschwester
muuguzi

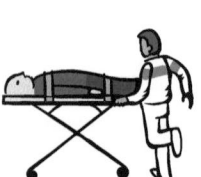

der Notfall
dharura

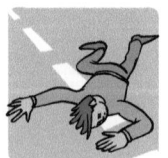

ohnmächtig
kupoteza fahamu

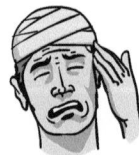

der Schmerz
maumivu

die Verletzung

kuumia

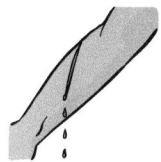

die Blutung

kutokwa na damu

der Herzinfarkt

mshtuko wa moyo

der Schlaganfall

kiharusi

die Allergie

mzio

der Husten

kikohozi

das Fieber

homa

die Grippe

mafua

der Durchfall

kuharisha

die Kopfschmerzen

maumivu ya kichwa

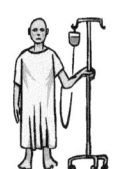

der Krebs

kansa

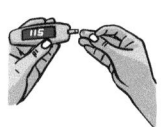

die Diabetes

ugonjwa wa kisukari

der Chirurg

daktari mpasuaji

das Skalpell

kisu kidogo cha kupasulia

die Operation

operesheni

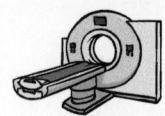

das CT

picha changanufu ya mwili

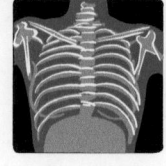

das Röntgen

Eksrei

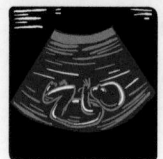

der Ultraschall

mawimbi sauti

die Maske

barakoa ya uso

die Krankheit

ugonjwa

das Wartezimmer

chumba cha kusubiri

die Krücke

mkongojo

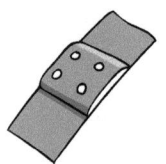

das Pflaster

plasta

der Verband

bendeji

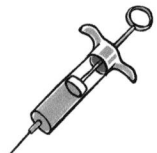

die Injektion

sindano

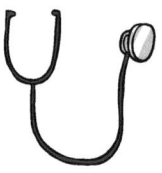

das Stethoskop

stetoskopu

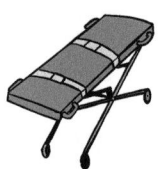

die Trage

machela

das Thermometer

kipimajoto cha kliniki

die Geburt

kuzaliwa

das Übergewicht

unene kupita kiasi

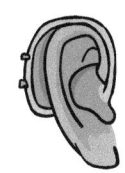

das Hörgerät

kusikia misaada

das Desinfektionsmittel

kipukusi

die Infektion

maambukizi

das Virus

virusi

das HIV / AIDS

VVU / UKIMWI

die Medizin

dawa

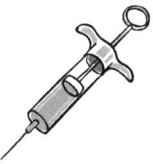

die Impfung

chanjo

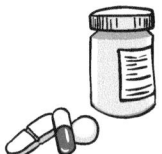

die Tabletten

vidonge

die Pille

kidonge

der Notruf

simu ya dharura

der Blutdruckmesser

haemodainamometa

krank / gesund

mgonjwa / mwenye afya

Hilfe!

Msaada!

der Alarm

kengele

der Überfall

pigo

der Angriff

shambulizi

die Gefahr

hatari

der Notausgang

lango la dharura

Feuer!

Moto!

der Feuerlöscher

kizima moto

der Unfall

ajali

der Erste-Hilfe-Koffer

vifaa vya huduma ya
kwanza

SOS

wito wa msaada

die Polizei

polisi

das Europa

Ulaya

das Nordamerika

Amerika ya Kaskazini

das Südamerika

Amerika ya Kusini

das Afrika

Afrika

das Asien

Asia

das Australien

Australia

der Atlantik

Atlantiki

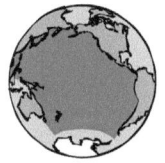

der Pazifik

Pasifiki

der Indische Ozean

Bahari ya Hindi

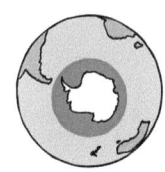

der Antarktische Ozean

Bahari ya Antaktiki

der Arktische Ozean

Bahari ya Aktiki

der Nordpol

Ncha ya Kaskazini

der Südpol

Ncha ya Kusini

die Antarktis

Antaktika

die Erde

dunia

das Land

nchi

das Meer

bahari

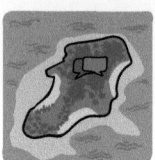

die Insel

kisiwa

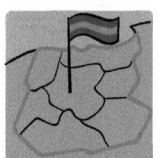

die Nation

taifa

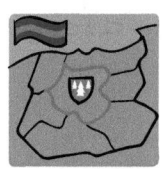

der Staat

jimbo

das Ziffernblatt

uso wa saa

der Stundenzeiger

akrabu ya saa

der Minutenzeiger

akrabu ya dakika

der Sekundenzeiger

akrabu ya sekunde

Wie spät ist es?

Ni saa ngapi?

der Tag

siku

die Zeit

wakati

jetzt

sasa

die Digitaluhr

saa ya dijitali

die Minute

dakika

die Stunde

saa

die Woche

wiki

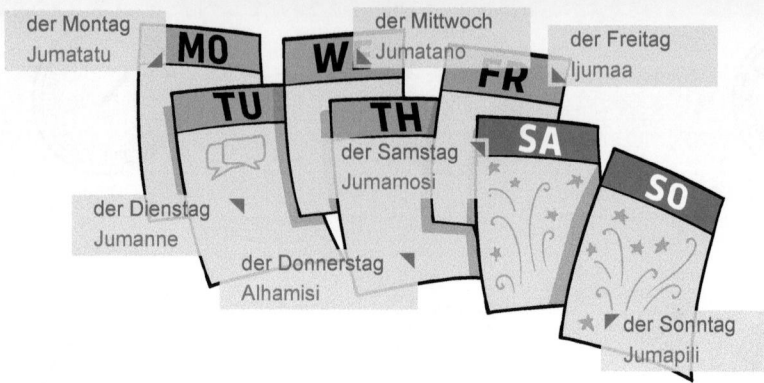

der Montag
Jumatatu

der Mittwoch
Jumatano

der Freitag
Ijumaa

der Dienstag
Jumanne

der Samstag
Jumamosi

der Donnerstag
Alhamisi

der Sonntag
Jumapili

gestern

jana

heute

leo

morgen

kesho

der Morgen

asubuhi

der Mittag

saa sita mchana

der Abend

jioni

die Arbeitstage

siku za biashara

das Wochenende

mwishoni mwa wiki

das Jahr
mwaka

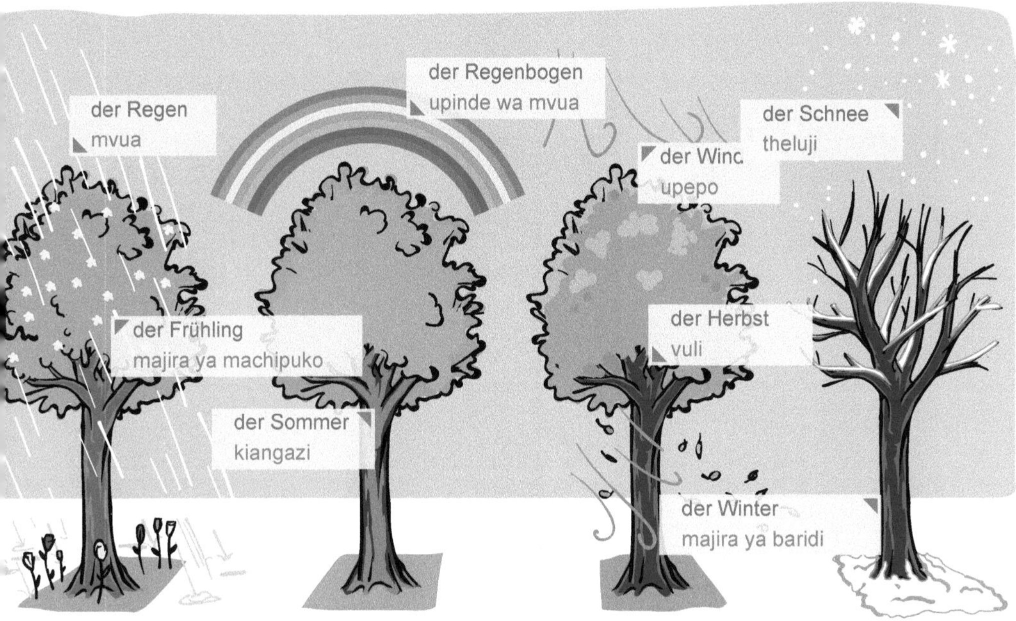
der Regen
mvua
der Regenbogen
upinde wa mvua
der Winc
upepo
der Schnee
theluji
der Frühling
majira ya machipuko
der Sommer
kiangazi
der Herbst
vuli
der Winter
majira ya baridi

4.APRIL 11°
5.APRIL 4°
6.APRIL 13°
7.APRIL 8°
8.APRIL 10°

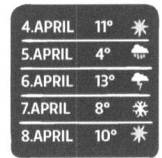

die Wettervorhersage

utabiri wa hali ya hewa

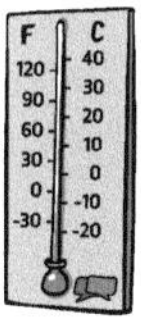
F C
120 40
90 30
60 20
30 10
0 0
-30 -10
-20

das Thermometer

kipimajoto

der Sonnenschein

mwanga wa jua

die Wolke

wingu

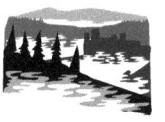

der Nebel

ukungu

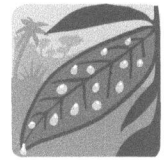

die Luftfeuchtigkeit

unyevu

der Blitz

umeme

der Donner

radi

der Sturm

dhoruba

der Hagel

mvua ya mawe

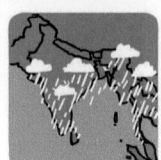
der Monsun

monsuni

die Flut

mafuriko

das Eis

barafu

der Jänner

Januari

der Februar

Februari

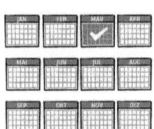
der März

Machi

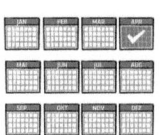
der April

Aprili

der Mai

Mei

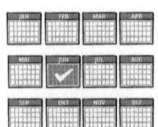
der Juni

Juni

der Juli

Julai

der August

Agosti

der September
Septemba

der Oktober
Oktoba

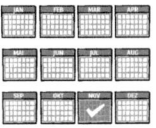

der November
Novemba

der Dezember
Desemba

die Formen
maumbo

der Kreis
mduara

das Quadrat
mraba

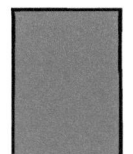

das Rechteck
mstatili

das Dreieck
pembetatu

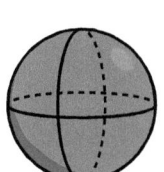

die Kugel
nyanja

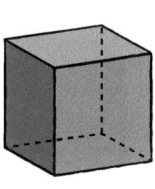

der Würfel
mchemraba

weiß

nyeupe

gelb

manjano

orange

chungwa

pink

rangi ya waridi

rot

nyekundu

lila

hudhurungi

blau

bluu

grün

kijani

braun

hanja

grau

jivujivu

schwarz

nyeusi

viel / wenig

mengi / kidogo

wütend / friedlich

hasira / pole

hübsch / hässlich

nzuri / mbaya

der Anfang / das Ende

mwanzo / mwisho

groß / klein

kubwa / ndogo

hell / dunkel

angavu / giza

er Bruder / die Schwester

kaka / dada

sauber / schmutzig

safi / chafu

vollständig / unvollständig

kamilika / tokamilika

der Tag / die Nacht

siku / usiku

tot / lebendig

wafu / hai

breit / schmal

pana / nyembamba

genießbar / ungenießbar

kulika / kutolika

böse / freundlich

ovu / ema

aufgeregt / gelangweilt

sisimkwa / udhika

dick / dünn

nene / nyembamba

zuerst / zuletzt

kwanza / mwisho

der Freund / der Feind

rafiki / adui

voll / leer

jaa / tupu

hart / weich

ngumu / laini

schwer / leicht

nzito / nyepesi

der Hunger / der Durst

njaa / kiu

krank / gesund

mgonjwa / mwenye afya

illegal / legal

haramu / kisheria

gescheit / dumm

akili / kijinga

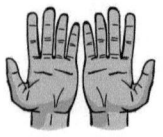

links / rechts

kushoto / kulia

nah / fern

karibu / mbali

neu / gebraucht

mpya / kutumika

nichts / etwas

kitu / jambo

alt / jung

zee / changa

an / aus

waka / zima

offen / geschlossen

wazi / fungwa

leise / laut

utulivu / kelele

reich / arm

tajiri / masikini

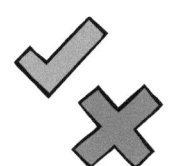

richtig / falsch

sahihi / kosa

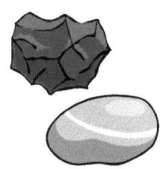

rau / glatt

mbaya / laini

traurig / glücklich

huzunika / furahia

kurz / lang

fupi /ndefu

langsam / schnell

polepole / haraka

nass / trocken

nyevu / kavu

warm / kühl

joto / baridi

der Krieg / der Frieden

vita / amani

die Zahlen
nambari

0
null
sufuri

1
eins
moja

2
zwei
mbili

3
drei
tatu

4
vier
nne

5
fünf
tano

6
sechs
sita

7
sieben
saba

8
acht
nane

9
neun
tisa

10
zehn
kumi

11
elf
kumi na moja

12

zwölf

kumi na mbili

13

dreizehn

kumi na tatu

14

vierzehn

kumi na nne

15

fünfzehn

kumi na tano

16

sechzehn

kumi na sita

17

siebzehn

kumi na saba

18

achtzehn

kumi na nane

19

neunzehn

kumi na tisa

20

zwanzig

ishirini

100

hundert

mia

1.000

tausend

elfu

1.000.000

Million

milioni

Englisch

Kiingereza

Amerikanisches Englisch

Kiingereza cha Marekani

Chinesisch (Mandarin)

Kimandarini cha Uchina

Hindi

Kihindi

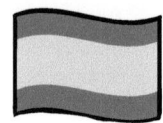

Spanisch

Kihispania

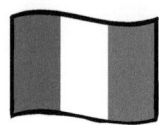

Französisch

Kifaransa

Arabisch

Kiarabu

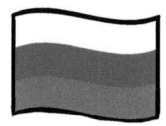

Russisch

Kirusi

Portugiesisch

Kireno

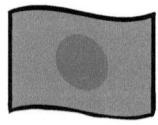

Bengalisch

Kibengali

Deutsch

Kijerumani

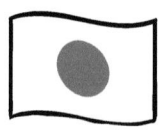

Japanisch

Kijapani

ich

mimi

du

wewe

er / sie / es

yeye / yeye / ni

wir

sisi

ihr

wewe

sie

wao

Wer?

nani?

Was?

nini?

Wie?

jinsi gani?

Wo?

wapi?

Wann?

lini?

Name

jina

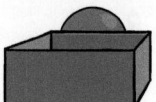

hinter

nyuma

in

katika

vor

mbele ya

über

juu ya

auf

kwenye

unter

chini ya

neben

kando

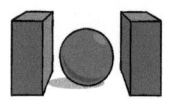

zwischen

kati

der Ort

mahali